Novena Bíblica a
SÃO JOSÉ

COLEÇÃO: **ESPIRITUALIDADE**

- *Novena bíblica a São José* – Matthias Grenzer
- *Novena a Maria, Rainha dos Apóstolos* – Tarcila Tommasi
- *Novena bíblica a São João Batista* – Walter Eduardo Lisboa
- *Ofício da Imaculada Conceição* – Celina Helena Weschenfelder (Org.)
- *Novena natalina* – Rosana Pulga
- *A espiritualidade do amor misericordioso: segundo madre Esperança de Jesus* – Pe. Cláudio Corpetti
- *Novena da família* – Tarcila Tommasi
- *Enviai–nos o vosso Espírito: orações ao Espírito Santo* – Roseane Gomes Barbosa
- *Lembrando nossos mortos: celebrações para velórios, 7ª dia e 30ª dias, finados e outras datas* – Noemi Dariva

Matthias Grenzer

Novena Bíblica a
SÃO JOSÉ

*Ao meu pai
Hans Joachim Grenzer.*

12ª edição – 2011
8ª reimpressão – 2023

Direção-geral:	*Maria Bernadete Boff*
Coordenação editorial:	*Noemi Dariva*
Direção de arte:	*Irma Cipriani*
Gerente de produção:	*Antonio Cestaro*
Revisão de texto:	*Nilma Guimarães*
Capa e editoração eletrônica:	*Marta Cerqueira Leite*

Nenhuma parte desta obra poderá ser reproduzida ou transmitida por qualquer forma e/ou quaisquer meios (eletrônico ou mecânico, incluindo fotocópia e gravação) ou arquivada em qualquer sistema ou banco de dados sem permissão escrita da Editora. Direitos reservados.

Paulinas

Rua Dona Inácia Uchoa, 62
04110-020 – São Paulo – SP (Brasil)
Tel.: (11) 2125-3500
http://www.paulinas.com.br – editora@paulinas.com.br
Telemarketing e SAC: 0800-7010081
© Pia Sociedade Filhas de São Paulo – São Paulo, 2004

Novena Bíblica a SÃO JOSÉ

Introdução

Essa novena convida o leitor a uma reflexão bíblica sobre *José, o esposo de Maria, da qual nasceu Jesus chamado Cristo* (Mateus 1,16). José é uma figura muito querida na fé do povo, o que se comprova pelo grande número de homens e mulheres que carregam seu nome; é ainda padroeiro de igrejas, e os operários sentem um carinho grande por ele e o lembram como seu patrono.

Por outro lado, muitos cristãos gostariam de conhecê-lo melhor. Quem era José? O que se sabe dele nos textos bíblicos? Essa novena procura os rastos de José nos Evangelhos, com base no retrato que os evangelistas criaram dele com suas palavras.

O nome de *José* encontra-se no Novo Testamento apenas treze vezes. Em outras passagens. ele é lembrado como pai de Jesus (Lucas 1,33.41.48) ou *carpinteiro-construtor* (Mateus 13,55). José torna-se importante quando os evangelistas Mateus e Lucas narram a infância de Jesus. Nesse momento, é possível observar alguns pormenores de seu comportamento. A última vez em que José aparece é quando Jesus completa doze anos e viaja com seus pais para Jerusalém. Depois, ele desaparece das narrações.

Os evangelistas não transmitiram nenhuma palavra de José, pois este aparece como um "personagem mudo" nos Evangelhos. Porém, sua atitude de confiança e suas ações, marcadas pelo respeito à vida e à fé, revelam José como *justo* (Mateus 1,19). É "um homem silencioso", mas que impressiona.

Novena significa oração, por isso, neste pequeno livro, os próprios textos bíblicos convidam à oração e à reflexão sobre a vida. A proposta dessa novena é, portanto, pensar e rezar com o Evangelho.

Mateus e Lucas deram atenção a José e ele lhes serviu como exemplo de um homem *justo*. Não há nada melhor para nós do que procurar segui-lo.

José, filho de Davi

Leitura do Evangelho

A origem de Jesus Cristo era assim: Maria, sua mãe, comprometida em casamento com José, antes que habitassem juntos, achou-se grávida pelo Espírito Santo. José, seu esposo, sendo justo e não querendo expô-la, resolveu deixá-la ir secretamente. Enquanto pensava sobre isso, eis que o Anjo do Senhor apareceu-lhe em sonho, dizendo: "José, filho de Davi, não temas receber Maria como tua mulher, pois o que nela foi gerado é do Espírito Santo" (Mateus 1,18-20).

Reflexão

Nesse Evangelho, Mateus expressou sua fé de que a origem de Jesus se encontra em Deus: *O que foi gerado em Maria vem do Espírito Santo*. Jesus Cristo é o Filho de Deus enviado ao mundo. Trata-se de um aconteci-mento novo e extraordinário na história do homem. Mas, conforme o plano de Deus, tudo isso aconteceu dentro de um projeto mais antigo: Jesus Cristo também é *descendente de Abraão e de Davi* (Mateus 1,1).

O Filho de Deus veio ao mundo para fazer parte da casa de Israel, sendo sua continuação definitiva. E foi por José que Jesus foi inserido nessa descendência.

O evangelista chamou José *filho de Davi*, lembrando o rei de Israel que viveu mil anos antes de José. A Davi, Deus tinha feito uma grande promessa: *Ao teu descendente serei um pai e ele será para mim um filho* (2Samuel 7,14). Essa promessa sempre alimentou as esperanças de Israel, e Deus ficaria fiel ao seu povo. José fez parte dessa história de esperança e, por intermédio dele, o próprio Cristo entrou nessa história.

Oração

São José,
tu foste chamado a receber Jesus como filho.
Tu lhe garantiste seu lugar
entre os descendentes de Davi.

Por meio de ti, Jesus participou da história e
das esperanças de seu povo.
Tu soubeste da importância de uma criança
não ficar sozinha nesse mundo.
Sem antepassados.
Sem história...
Intercede a Deus
por todos os pais, homens e mulheres,
para que dêem aos seus filhos
e às suas filhas uma história,
uma história cheia de esperança.
Amém.

Rezar um Pai-nosso.

2º dia

José subiu para Belém

Leitura do Evangelho

Naqueles dias, saiu um decreto de César Augusto, ordenando que fosse registrado o mundo inteiro. Esse foi o primeiro censo enquanto Quirino era governador da Síria. E todos iam se alistar, cada um na sua cidade. Também José subiu da cidade de Nazaré, na Galileia, para a Judeia, na cidade de Davi, chamada Belém, por ser da casa e da família de Davi, para se inscrever com Maria, sua noiva, que estava grávida (Lucas 2,1-5).

Reflexão

José obedeceu à ordem do imperador romano, pois não era possível escapar às exigências dos opressores. Para os romanos, o censo era um instrumento de controle, uma vez que com ele regulavam a cobrança dos impostos nas províncias. Os pobres pagavam um imposto sobre cada cabeça da família. Dos outros, os romanos cobravam tributos sobre os bens materiais.

Provavelmente a ordem incluía que cada pessoa fosse registrada em seu local de nascimento. Assim, *José subiu de Nazaré a Belém*. Não era uma viagem fácil, pois tinha de percorrer 120 quilômetros de região montanhosa com uma mulher grávida.

Mas Belém era também símbolo de esperança, posto que lá se encontrava, segundo a tradição, o túmulo de *Raquel*, mulher amada do patriarca Jacó, pai de Israel (Gênesis 35,19). Em Belém, o profeta Samuel procurou a família de Jessé para ungir o filho mais jovem dele, Davi, rei de Israel (1Samuel 16,1-13). A esperança ligada a Belém se resume nas seguintes palavras do profeta Miqueias: *E tu, Belém, Éfrata, pequena demais para ser contada entre os clãs de Judá, de ti sairá para mim aquele que deve governar Israel* (Miqueias 5,1).

Subindo para Belém em uma época de opressão e sofrimento, José levou todas essas lembranças e esperanças de sua terra.

Oração

São José,
tu sentiste o jugo do domínio dos romanos.
Tu foste obrigado a obedecer
às ordens dos opressores.
Tu soubeste da importância
de não perder a esperança.
Sê o nosso intercessor nos momentos
que a injustiça se torna poderosa.
Para não perder as lembranças.
Lembranças de justiça.
Lembranças de libertação.
Amém.

Rezar um Pai-nosso.

Seu pai e sua mãe estavam maravilhados

Leitura do Evangelho

Ora, havia em Jerusalém um homem chamado Simeão. Este homem era justo e piedoso: ele esperava a consolação de Israel e o Espírito Santo estava sobre ele. Fora-lhe revelado pelo Espírito Santo que não viria a morte antes de ter visto o ungido (= o Cristo) do Senhor. Movido pelo Espírito, ele veio ao Templo. Quando os pais trouxeram o menino Jesus para fazer o que a Lei prescrevia a seu respeito, ele o tomou nos braços e louvou a Deus, dizendo:

"Agora, Senhor, deixa morrer o teu servo em paz, conforme a tua palavra, porque meus olhos viram a tua salvação, que preparaste em face de todos os povos:

luz para a revelação às nações,
e glória de Israel, teu povo."
Seu pai e sua mãe estavam maravilhados com o que
diziam dele (Lucas 2,25-33).

Reflexão

Lucas narrou a história de como José e Maria levaram o menino Jesus ao Templo de Jerusalém para *fazer o que a lei prescrevia*. Provavelmente, o evangelista tinha em vista o sacrifício exigido para *a purificação de uma mulher que deu à luz* (Levítico 12,1-8) e o *resgate do primogênito* (Êxodo 13,15 e Números 18,15-16). Nessa ocasião, aconteceu o encontro com Simeão, *um homem justo e piedoso que esperava a consolação de Israel*.

O menino Jesus fez Simeão lembrar as palavras de esperança que se encontram no livro de Isaías. Quando Israel, no século VI a.C., viveu a crise do exílio babilônico, esse profeta consolador tinha proclamado a esperança de que *toda carne veria novamente a glória do Senhor* (Isaías 40,5). Deus chamaria Israel para ser *a luz das nações, a fim de que a salvação do Senhor chegasse até os confins da terra* (Isaías 49,6).

Simeão, com piedade profética, viu a atualidade dessa promessa. Dessa vez foram os romanos que impuseram seu poder. Mas Deus garantiria novamente *a consolação de Israel*. Nenhuma forma de violência seria capaz de anular a justiça de Deus. Tomando o recém-nascido Jesus em seus braços, Simeão sentiu a esperança da salvação. E José e Maria ficaram maravilhados com as palavras proféticas.

Oração

São José,
junto com Simeão viste a glória de Deus
no rosto do menino Jesus.
Tu ficaste encantado com as palavras
do profeta.
Palavras de salvação.
Palavras de libertação.
Intercede a Deus por todos nós,
para que, junto a ti, fiquemos maravilhados:
com as palavras dos profetas e
com a pessoa de Jesus Cristo.
Amém.

Rezar um Pai-nosso.

José fugiu para o Egito

Leitura do Evangelho

Eis que o Anjo do Senhor apareceu em sonho a José e lhe disse: "Levanta-te, toma contigo o menino e sua mãe, e foge para o Egito; fica lá até nova ordem, pois Herodes vai procurar o menino para matá-lo". José levantou-se, tomou consigo o menino e sua mãe, à noite, e procurou refúgio no Egito. Ali ficou até a morte de Herodes, para que se cumprisse o que dissera o Senhor pelo profeta: Do Egito chamei meu filho (Mateus 2,13-15).

Reflexão

Segundo os evangelistas Mateus e Lucas, Jesus nasceu quando Herodes, o Grande, era rei da Judeia (37-4 a.C.). Herodes não era bem-visto pelo povo, e as críticas referiam-se às origens estrangeiras do rei (seu pai era idumeu; sua mãe, uma princesa árabe) e sua dependência de Roma, que apoiou sua subida ao trono por ele ser submisso. Em seu governo, Herodes mostrou-se pouco preocupado com a fé e a história do povo, combatendo as tentativas de oposição com brutalidade.

As esperanças proféticas ligadas ao nascimento *de um novo rei que firmasse seu poder sobre o direito e a justiça* (Isaías 9,6) naturalmente precisavam desafiar o reino da violência e da injustiça.

José sentiu o drama da perseguição e levou o menino Jesus para o Egito. Para um israelita, o Egito é um lugar simbólico. Trata-se do berço da história e da fé do povo de Israel. Lá, os antepassados tinham vivido como escravos. Mas, sobretudo, tiveram a experiência de um Deus que escutou seus gritos. Libertando-os de seus opressores, Deus escolheu o povo dos oprimidos como *seu filho*. Foi com as palavras do profeta Oseias que Mateus lembrou essa fé: *Do Egito chamei meu filho* (Oseias 11,1).

José levou Jesus às origens da história e da fé de seu povo, a fim de que o Deus do êxodo se revelasse novamente como libertador.

Oração

São José,
tu sentiste a brutalidade de Herodes.
Tu foste protetor de uma criança inocente.
Tu levaste o menino Jesus às origens da fé
do seu povo.
Fé num Deus que escuta o grito
dos oprimidos.
Fé num Deus libertador.
Sê o intercessor de todos os refugiados.
Amém.

Rezar um Pai-nosso.

José teve medo

Leitura do Evangelho

Quando Herodes morreu, eis que o Anjo do Senhor apareceu em sonho a José, no Egito, e lhe disse: "Levanta-te, toma o menino e sua mãe e vai para a terra de Israel, pois os que buscavam tirar a vida ao menino já morreram". Ele se levantou, tomou o menino e sua mãe e entrou na terra de Israel. Mas, ouvindo que Arquelau era rei da Judeia em lugar de seu pai Herodes, teve medo de ir para lá. Avisado divinamente em sonho, procurou refúgio na região da Galileia e foi morar numa cidade chamada Nazaré, para que se cumprisse o que fora dito pelos profetas: Ele será chamado nazoreu (Mateus 2,19-23).

Reflexão

Após a morte de Herodes, o Grande, no ano 4 a.C., o reino foi dividido entre três filhos. Arquelau ficou com a província da Judeia, da qual Belém fez parte. Nos dez anos de seu governo, houve uma série de conflitos com o povo, os quais Arquelau costumava conter com violência.

José *esteve com medo* do regime de Arquelau. A situação política não lhe permitia que voltasse com sua família a Belém, terra de seus antepassados. Nesse momento, a narração do evangelista deixa o leitor perceber que Deus, para proteger o novo libertador, conduziu José para um outro lugar. *Ele partiu para a região da Galileia e foi morar numa cidade chamada Nazaré.*

Para o evangelista, o nome de Nazaré era cheio de esperança. A palavra *nezer*, do hebraico, significa *rebento*. Assim, o *nazoreu* Jesus podia ser identificado com o *rebento* do qual o profeta falava: *Um rebento sairá da cepa de Jessé ... e ele fará justiça aos indefesos* (Isaías 11,1-5).

Oração

São José,
tu tiveste medo do governador.
Tu mudaste de lugar por causa da violência
na terra.
Intercede a Deus por nós:
que ele proteja os justos dos violentos,
que ele conduza os perseguidos
rumo à terra da esperança,
rumo à terra onde os indefesos recebem justiça.

Amém.

Rezar um Pai-nosso.

6º dia

Seus pais iam todos os anos a Jerusalém para a festa da Páscoa

Leitura do Evangelho

Seus pais viajavam anualmente a Jerusalém para a festa da Páscoa. Quando ele completou doze anos, segundo o costume, subiram para a festa
(Lucas 2,41-42).

Reflexão

Com essa pequena notícia, Lucas colocou a família de Jesus no contexto da religiosidade do judaísmo. Páscoa é a festa religiosa mais importante do ano. Ela lembra a saída do povo do Egito, a libertação maravilhosa dos escravos hebreus das mãos de seus opressores. Provavelmente, o momento histórico do êxodo tem de ser situado no final do século XIII a.C., portanto, mais de 1200 anos ou quarenta gerações antes de José.

A lei prescrevia a celebração da festa: *observa o mês de abib, celebrando uma Páscoa para o Senhor teu Deus, porque foi numa noite do mês de abib que o Senhor teu Deus te fez sair do Egito* (Deuteronômio 16,1). O legislador prescrevia também o acontecimento dessa celebração no Templo em Jerusalém. Portanto, tratava-se de uma festa de peregrinação. De Nazaré para Jerusalém são 120 quilômetros, e isso significava uma marcha de vários dias, ida e volta. As famílias andavam em caravanas (Lucas 2,44).

A anotação do evangelista de que a família de Jesus *ia anualmente a Jerusalém para a festa de Páscoa* revela José como um homem piedoso. Ele guardava tempo para celebrar sua fé. Não queria apagar da memória o Deus Libertador: *Os egípcios nos impuseram uma dura escravidão. Gritamos então ao Senhor, Deus dos nossos pais, e o Senhor ouviu a nossa voz: viu nossa miséria, nosso sofrimento e nossa opressão. E o Senhor nos fez sair do Egito* (Deuteronômio 26,6-7). A lembrança dessa fé, para José, era uma necessidade e motivo de esperança.

Oração

São José,
homem piedoso,
tu caminhaste com tua família e teu povo
para celebrar a fé,
fé num Deus amigo dos oprimidos,
fé num Deus Libertador.
Sê o intercessor de todos os peregrinos,
peregrinos em busca da esperança.
Amém.

Rezar um Pai-nosso.

Teu pai e eu estávamos aflitos

Leitura do Evangelho

Quando terminaram os dias, eles voltaram, mas o menino Jesus permaneceu em Jerusalém, sem que seus pais o percebessem. Pensando que ele estivesse na caravana, andaram o caminho de um dia. Puseram--se a procurá-lo entre os parentes e os conhecidos, mas não o encontraram. Então voltaram a Jerusalém para procurá-lo. Três dias depois, encontraram-no no Templo, sentado em meio aos doutores. Ele os ouvia e os interrogava. E todos que o ouviam se maravilhavam com sua compreensão e com suas respostas. Quando o viram, espantaram-se, e sua mãe disse-lhe: "Filho, por que fizeste isso conosco? Olha, teu pai e eu, aflitos, te procurávamos!" Ele respondeu: "Por que me procuráveis? Não sabíeis que devo me ocupar com as coisas do meu Pai?" Mas eles não compreenderam a palavra que ele lhes disse (Lucas 2,41-50).

Reflexão

Todo esse Evangelho deve ser lido a partir da palavra de Jesus: *"Por que me procuráveis? Não sabíeis que devo me ocupar com as coisas do meu Pai?"* É a primeira palavra de Jesus no Evangelho de Lucas, querendo lançar luz sobre tudo o que segue. O leitor é convidado a perceber o princípio e o critério de toda a missão de Jesus: *fazer a vontade do Pai*.

A vida de Jesus revelou a audácia desse projeto. Os que se *maravilharam com a compreensão e as respostas* do jovem Jesus, mais tarde, procurarão matá-lo. Querer defender a verdade do Pai, sem mentira e sem falsos compromissos, causa conflitos gravíssimos em um mundo marcado pela injustiça. É um projeto solitário, pois o profeta não enfrenta apenas a inimizade das autoridades, mas também o abandono pela maioria do povo. Dessa forma, coloca em risco sua própria vida.

Essa dinâmica causa sofrimento e aflição nas pessoas mais próximas. José e Maria sentiram esse drama em suas vidas: *"Olha, teu pai e eu, aflitos, te procurávamos!"*.

Oração

São José,
junto com Maria, te sentiste aflito,
aflito em proteger uma vida inocente.
Sê o intercessor de todos os pais:
no momento em que os filhos
procuram a verdade,
no momento em que os filhos
arriscam a sua vida.
Sê o intercessor de todos os jovens:
na busca de ideais saudáveis,
na busca da vontade do Pai.
Amém.

Rezar um Pai-nosso.

8º dia

O carpinteiro-construtor

Leitura do Evangelho

Jesus chegou à sua cidade natal e ensinou as pessoas na sinagoga, de tal modo que elas ficavam maravilhadas e diziam: "De onde lhe vêm essa sabedoria e esses milagres? Não é ele o filho do carpinteiro? Não se chama a mãe dele Maria e seus irmãos Tiago, José, Simão e Judas? Suas irmãs não estão todas entre nós? Donde então lhe vêm todas essas coisas?" E se escandalizavam dele (Mateus 13,54-57).

Reflexão

Mateus deixou a notícia sobre a profissão de José. Ele usou a palavra grega *tekton* que pode ser traduzida por *carpinteiro, construtor (de casas), operário ou até artista.*

Conforme o evangelista Marcos, Jesus teve a mesma profissão: *"Não é ele o carpinteiro?"* (Marcos 6,3).

Uma família de *carpinteiros-construtores:* é provável que José e Jesus fossem bastante conhecidos em Nazaré por seu ofício. Pela tradição da fé, os ofícios e as artes eram bem-vistos.

Os autores da Escritura sagrada chamaram pessoas dotadas de perícia e destreza de *sábios* (Êxodo 36,4). No seu entendimento, o próprio Deus *enche alguém com seu espírito para que tenha sabedoria, inteligência, conhecimento e aptidão para toda espécie de trabalho* (Êxodo 31,1-6).

Porém, os ouvintes de Jesus na sinagoga de Nazaré escandalizaram-se com o filho do carpinteiro. Na opinião deles, a sabedoria de Jesus não combinava com o ambiente desse ofício e a simplicidade de sua família.

Talvez seja esse um dos erros mais comuns no pensamento religioso do homem: querer limitar a ação criadora de Deus; negar que Deus confere seu espírito de sabedoria a todas as pessoas.

Oração

São José,
carpinteiro-construtor,
tua profissão e tua família
foram menosprezadas.
Intercede a Deus por nós:
para que reconheçamos a dignidade
de cada pessoa e seu trabalho,
por ela ser criação de Deus,
por ela participar com seu trabalho
na criação do mundo.
Amém.

Rezar um Pai-nosso.

9º dia

José sendo justo

Leitura do Evangelho

A origem de Jesus Cristo era assim: Maria, sua mãe, comprometida em casamento com José, antes que habitassem juntos, achou-se grávida pelo Espírito Santo. José, seu esposo, sendo justo e não querendo expô-la, resolveu deixá-la ir secretamente. Enquanto pensava sobre isso, eis que o Anjo do Senhor apareceu-lhe em sonho, dizendo: "José, filho de Davi, não temas receber Maria como tua mulher, pois o que nela foi gerado é do Espírito Santo. Ela dará à luz um filho e tu o chamarás com o nome de Jesus, pois ele salvará seu povo dos seus pecados". José, ao despertar do sono, agiu conforme o Anjo do Senhor lhe ordenara e recebeu sua mulher (Mateus 1,18-21.24).

Reflexão

Último dia da novena bíblica a são José! Sabe-se pouco sobre José. Nos Evangelhos, ele é apenas uma figura secundária. É impossível descrever sua história de forma mais completa. Naturalmente, Jesus e também os apóstolos, os outros discípulos, Maria, os diversos grupos e autoridades da sociedade são os atores principais. José atuou por trás. No entanto, isso não quer dizer que o carpinteiro não era importante. A maioria de nós não ocupa um lugar central na atenção dos outros. Porém, sabe-se da importância dos pequenos, dos silenciosos, dos ajudantes e dos verdadeiros amigos para a história do mundo. E como tal, José tornou-se um modelo de comportamento nos textos de Mateus e Lucas.

Mateus chamou José de *justo*. Essa justiça está ligada à decisão de José em *receber Maria como esposa* e Jesus como filho. José assumiu a tarefa de esposo e pai, e isso em um tempo difícil. O leitor do evangelho é convidado a sentir a angústia do carpinteiro que precisava proteger sua família frente às exigências dos romanos e da violência arbitrária dos governadores herodianos.

Mas, ao mesmo tempo, o leitor pode contemplar a fé de José: um homem *maravilhado* com a esperança messiânica nas palavras do *Anjo do Senhor* ou do velho Simeão; um homem movido pela esperança do êxodo celebrando anualmente no templo de Jerusalém, a saída dos escravos hebreus do Egito; um homem que *agiu conforme* sua fé.

Oração

São José,
homem justo,
protetor da família,
homem de fé,
intercede a Deus por todos nós:
no empenho por nossas famílias,
no empenho de sermos pessoas justas,
na esperança da fé.
Amém.

Rezar um Pai-nosso.

Novena Bíblica a SÃO JOSÉ

Sumário

Introdução 5

1º dia: José, filho de Davi 9

2º dia: José subiu para Belém 12

3º dia: Seu pai e sua mãe estavam maravilhados 15

4º dia: José fugiu para o Egito 18

5º dia: José teve medo 21

6º dia: Seus pais iam todos os anos a Jerusalém
para a festa da Páscoa 24

7º dia: Teu pai e eu estávamos aflitos 27

8º dia: O carpinteiro-construtor 30

9º dia: José sendo justo 33

Rua Dona Inácia Uchoa, 62
04110-020 – São Paulo – SP (Brasil)
Tel.: (11) 2125-3500
http://www.paulinas.com.br – editora@paulinas.com.br
Telemarketing e SAC: 0800-7010081